Impressum
Verlag: BABADADA GmbH, Nedderfeld 112 , 22529 Hamburg
Geschäftsführer / Verlagsleitung: Harald Hof
Druck: Books on Demand GmbH, In de Tarpen 42, 22848 Norderstedt

Imprint
Publisher: BABADADA GmbH, Nedderfeld 112 , 22529 Hamburg, Germany
Managing Director / Publishing direction: Harald Hof
Print: Books on Demand GmbH, In de Tarpen 42, 22848 Norderstedt

école
Schuel

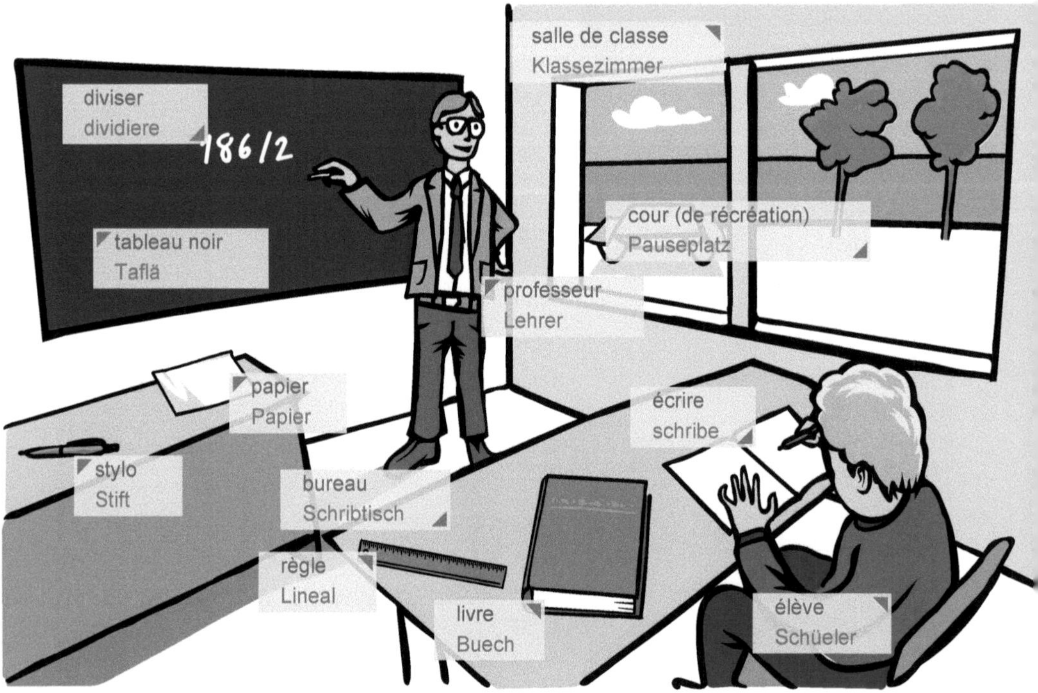
salle de classe
Klassezimmer
diviser
dividiere
186/2
tableau noir
Taflä
cour (de récréation)
Pauseplatz
professeur
Lehrer
papier
Papier
écrire
schribe
stylo
Stift
bureau
Schribtisch
règle
Lineal
livre
Buech
élève
Schüeler

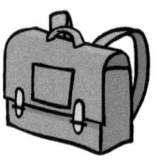

cartable

Thek

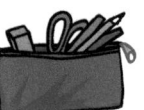

trousse

Etui

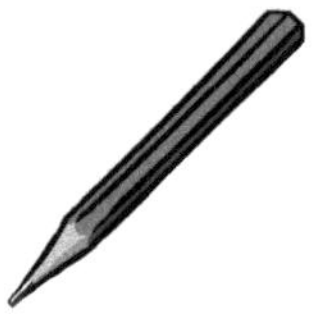

crayon

Bleistift

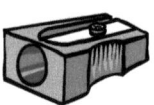

taille-crayon

Spitzer

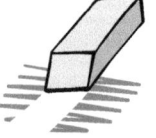

gomme

Radiergummi

carnet à dessin

Zeicheblock

dessin

Zeichnig

pinceau

Pinsel

boîte de peinture

Malchaschte

ciseaux

Schär

colle

Liim

cahier d'exercices

Üebigsheft

devoirs

Huusufgabe

chiffre

Zahl

additionner

addiere

soustraire

subtrahiere

multiplier

multipliziere

calculer

rächne

lettre

Buechstabe

alphabet

Alphabet

mot

Wort

texte

Text

lire

läse

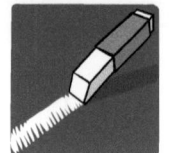

craie

Kriide

leçon

Lektion

livre de classe

Klassäbuech

examen

Prüefig

certificat

Zügnis

uniforme scolaire

Schueluniform

formation

Usbildig

lexique

Enzyklopädie

université

Universität

microscope

Mikroskop

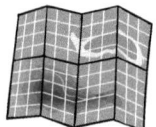

carte

Charte

corbeille à papier

Papierchorb

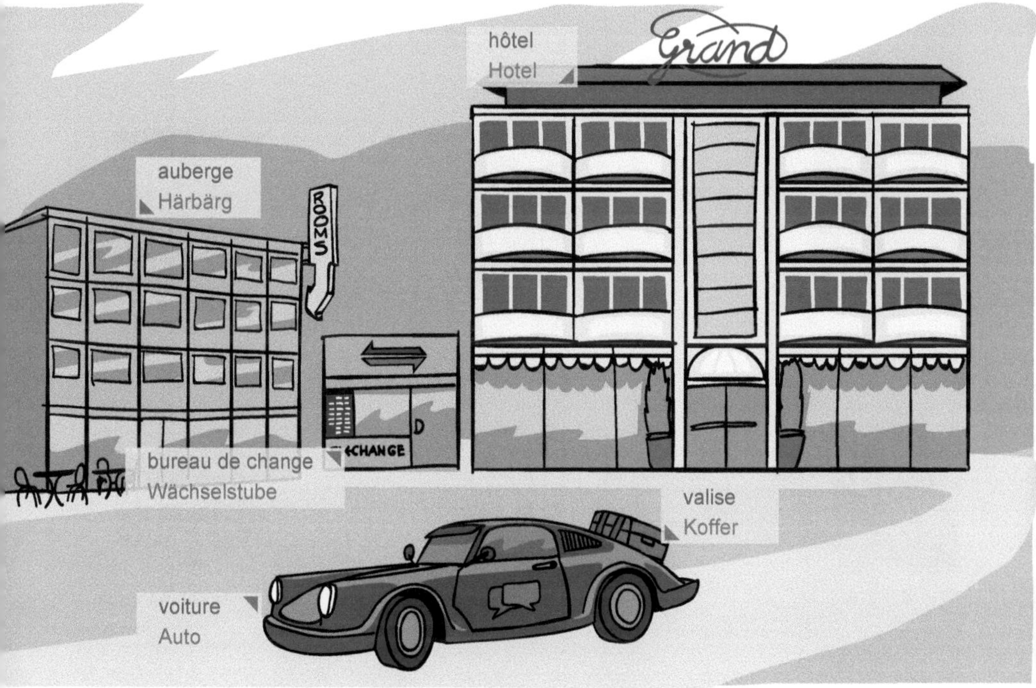

hôtel
Hotel
Grand
auberge
Härbärg
ROOMS
bureau de change
Wächselstube
CHANGE
valise
Koffer
voiture
Auto

langue

Sprach

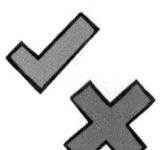

oui / non

jo / nei

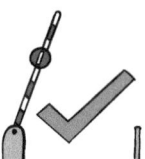

d'accord

okay

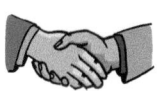

Salut

Hallo

interprète

Dolmetscher

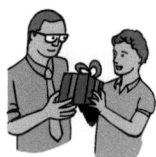

merci

Dankä

Combien coûte...?

Was chostet...?

Je ne comprends pas

Ich vrstahs nöd

problème

Problem

Bonsoir !

Guete Abig!

Bonjour !

guete Morgä!

Bonne nuit !

guete Abig!

Au revoir

Uf Wiederseh

direction

Richtig

bagages

Bagaasch

sac

Täsche

sac-à-dos

Rucksack

hôte

Gast

pièce

Ruum

sac de couchage

Schlafsack

tente

Zält

office de tourisme

Touristeninformation

plage

Strand

carte de crédit

Kreditkarte

petit-déjeuner

Zmorge

déjeuner

Zmittag

dîner

Znacht

billet

Billet

ascenseur

Ufzug

timbre

Briefmarke

frontière

Gränze

douane

Zoll

ambassade

Botschaft

visa

Visum

passeport

Pass

transport
Transport

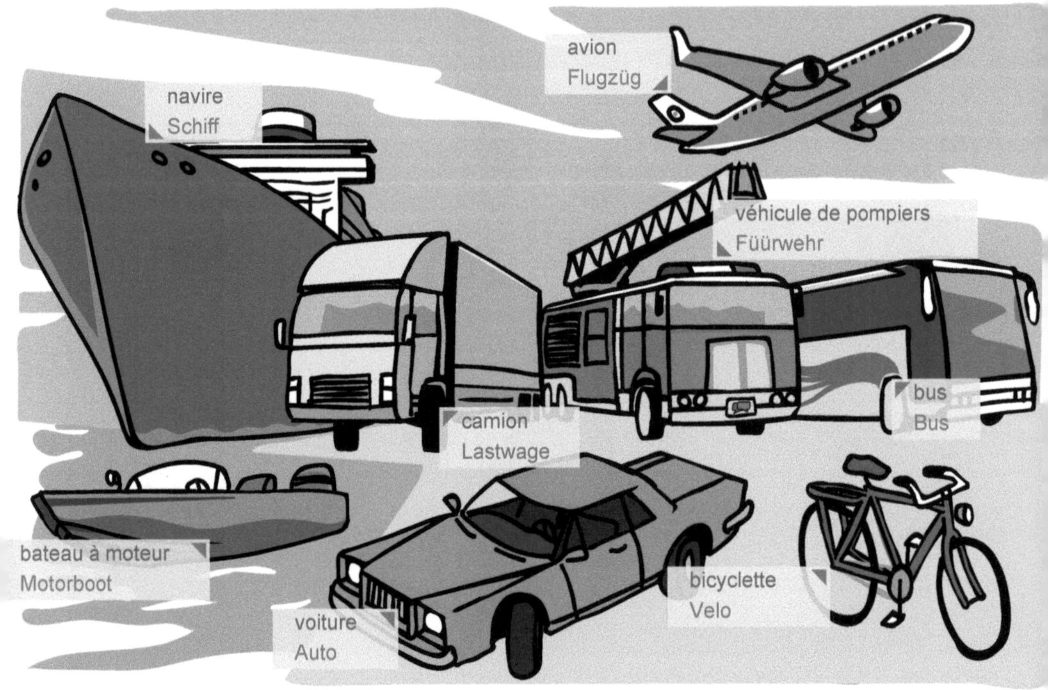

avion
Flugzüg
navire
Schiff
véhicule de pompiers
Füürwehr
camion
Lastwage
bus
Bus
bateau à moteur
Motorboot
voiture
Auto
bicyclette
Velo

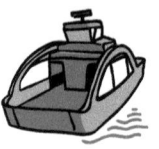

ferry

Fähri

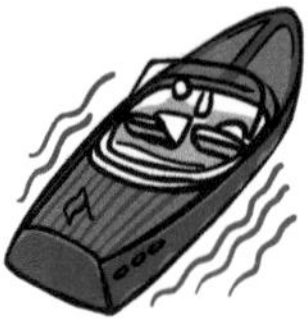

barque

Boot

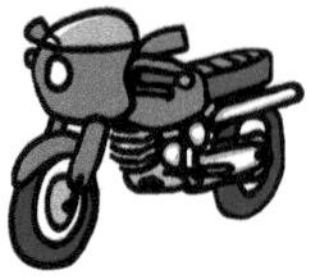

moto

Töff

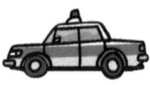

voiture de police

Polizeiauto

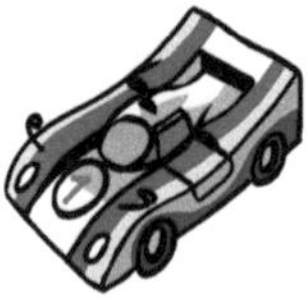

voiture de course

Rännauto

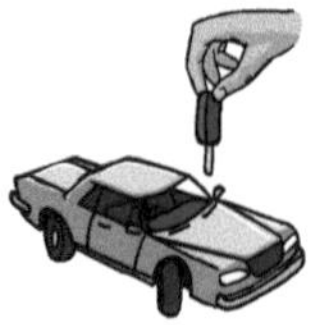

voiture de location

Mietwage

auto-partage

Carsharing

voiture de remorquage

Abschleppwage

benne à ordures

Chübelwage

moteur

Motor

essence

Benzin

station d'essence

Tankstell

panneau indicateur

Verkehrsschild

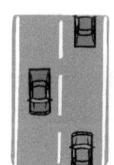

trafic

Verchehr

embouteillage

Stau

parking

Parkplatz

gare

Bahnhof

rails

Schiene

train

Zug

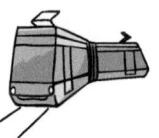

tramway

Strassebahn

wagon

Wagon

hélicoptère
....
Helikopter

aéroport
....
Flughafe

tour
....
Tower

passager
....
Passagier

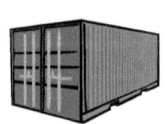

conteneur
....
Container

carton
....
Karton

chariot
....
Chare

corbeille
....
Korb

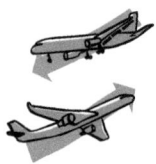

décoller / atterrir
....
starte / lande

ville

Stadt

village
....
Dorf

centre-ville
....
Stadtzentrum

maison
....
Huus

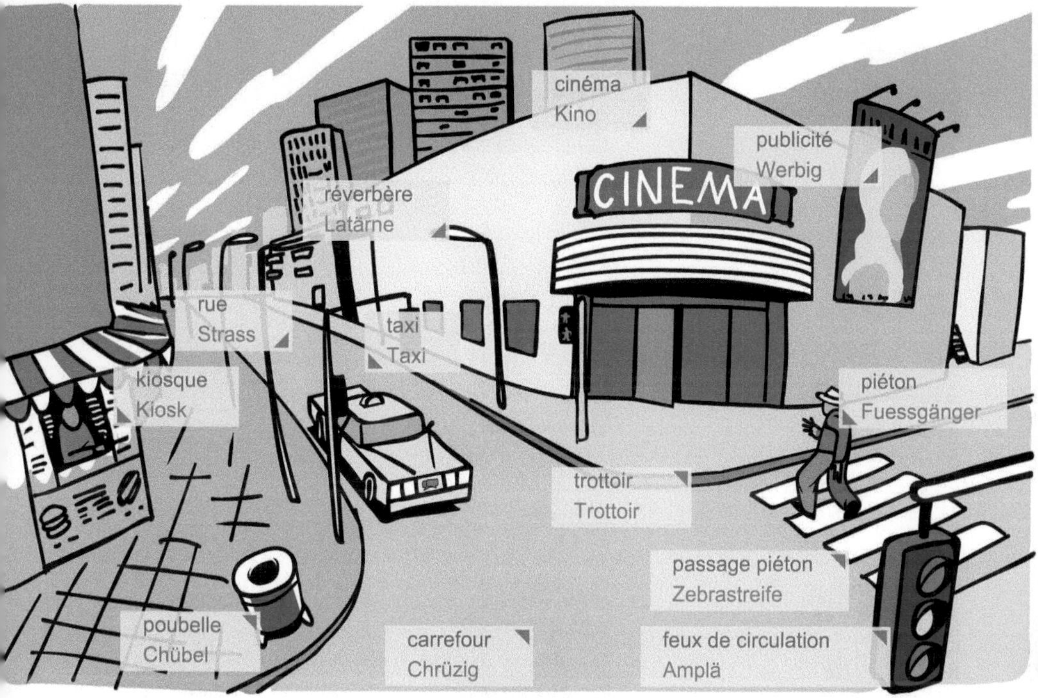

cinéma
Kino

publicité
Werbig

réverbère
Latärne

CINEMA

rue
Strass

taxi
Taxi

kiosque
Kiosk

piéton
Fuessgänger

trottoir
Trottoir

passage piéton
Zebrastreife

poubelle
Chübel

carrefour
Chrüzig

feux de circulation
Amplä

cabane

Hütte

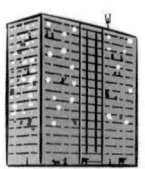

appartement

Wohnig

gare

Bahnhof

mairie

Gmeindshuus

musée

Museum

école

Schuel

université

Universität

banque

Bank

hôpital

Spital

hôtel

Hotel

pharmacie

Apotheke

bureau

Büro

librairie

Buechgschäft

magasin

Gschäft

fleuriste

Bluemelade

supermarché

Läbensmittellade

marché

Märt

grand magasin

Chaufhuus

poissonnerie

Fischhändler

centre commercial

Iihkaufszentrum

port

Hafe

parc

Park

banque

Bank

pont

Brugg

escaliers

Stäge

métro

U-Bahn

tunnel

Tunnell

arrêt de bus

Bushaltestell

bar

Bar

restaurant

Restaurant

boîte à lettres

Briefchastä

panneau indicateur

Strasseschild

parcmètre

Parkuhr

zoo

Zolli

piscine

Badi

mosquée

Moschee

ferme

Buurehof

pollution

Umwältvrschmutzig

cimetière

Fridhof

église

Chile

aire de jeux

Spielplatz

temple

Tämpel

paysage
Landschaft

feuille
Blatt

panneau indicateur
Wägwiiser

chemin
Wäg

pré
Wise

pierre
Stei

arbre
Baum

randonneur
Wanderer

rivière
Fluss

herbe
Gras

fleur
Bluamä

vallée
Tal

montagne
Bärg

lac
See

forêt
Wald

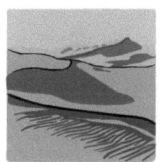

désert
Wüeschti

volcan
Vulkan

château
Schloss

arc-en-ciel
Rägeboge

champignon
Pilz

palmier
Palme

moustique
Moskito

mouche
Fliege

fourmis
Ameise

abeille
Biendli

araignée
Spinne

coléoptère

Chäfer

grenouille

Frosch

écureuil

Eichhörnli

hérisson

Igel

lièvre

Haas

chouette

Üle

oiseau

Vogu

cygne

Schwan

sanglier

Wildschwein

cerf

Hirsch

élan

Elch

barrage

Damm

éolienne

Windturbine

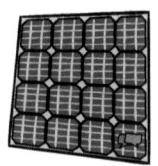

panneau solaire

Sunnekollektor

climat

Klima

restaurant
Restaurant

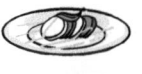

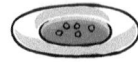

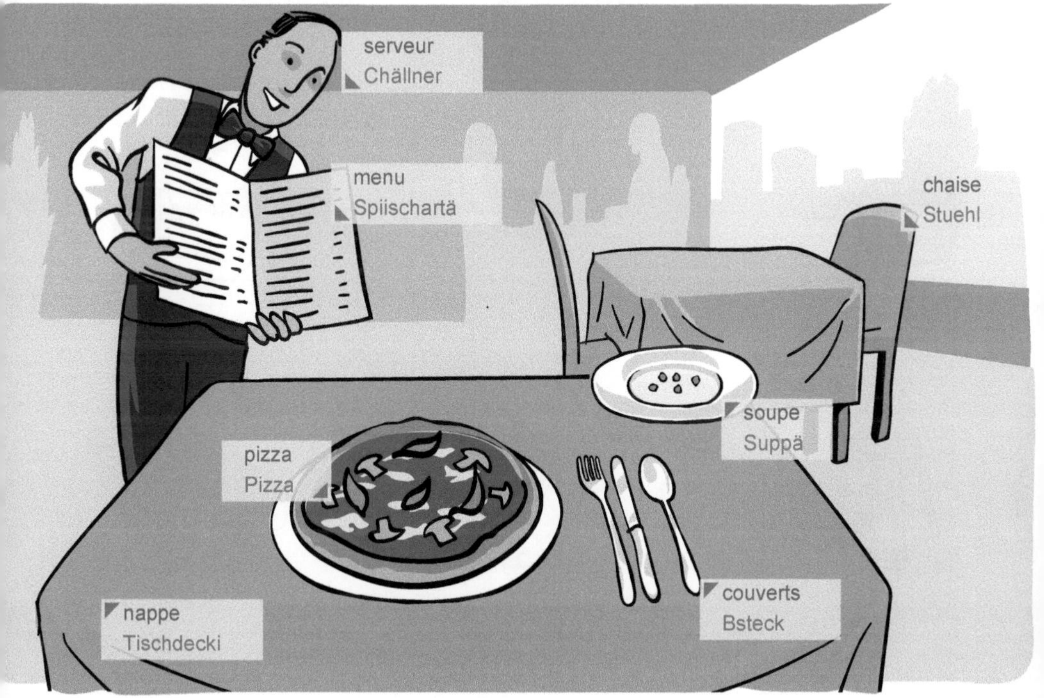
serveur
Challner
menu
Spiischartä
chaise
Stuehl
soupe
Suppä
pizza
Pizza
couverts
Bsteck
nappe
Tischdecki

hors d'œuvre

Vorspiies

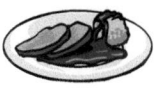

plat principal

Hauptgricht

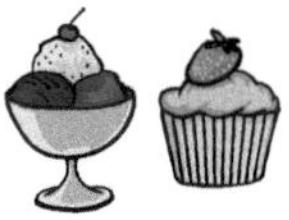

dessert

Dessert

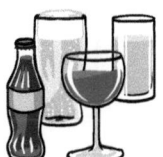

boissons

Getränk

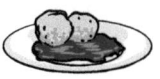

alimentation

Läbensmittel

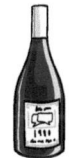

bouteille

Fläsche

fast-food
....
Fast Food

plats à emporter
....
Street Food

théière
....
Teechanne

sucrier
....
Zuckerdosä

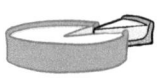

portion
....
Portion

machine à expresso
....
Espressomaschine

chaise haute
....
Hochstuehl

facture
....
Rächnig

plateau
....
Tablett

couteau
....
Mässer

fourchette
....
Gable

cuillère
....
Löffel

cuillère à thé
....
Teelöffel

serviette
....
Serviette

verre
....
Glas

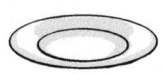

assiette

Täller

assiette à soupe

Suppetällär

soucoupe

Untertasse

sauce

Sose

salière

Salzstreuer

moulin à poivre

Pfäffermühli

vinaigre

Essig

huile

Öl

épices

Gwürz

ketchup

Ketchup

moutarde

Sänf

mayonnaise

Mayonnaise

supermarché
Läbensmittellade

offre promotionnelle
Ahgebot
FOR
client
Chund
produits laitiers
Milchprodukt
fruits
Frücht
chariot
lichaufswage

BUTCHERS

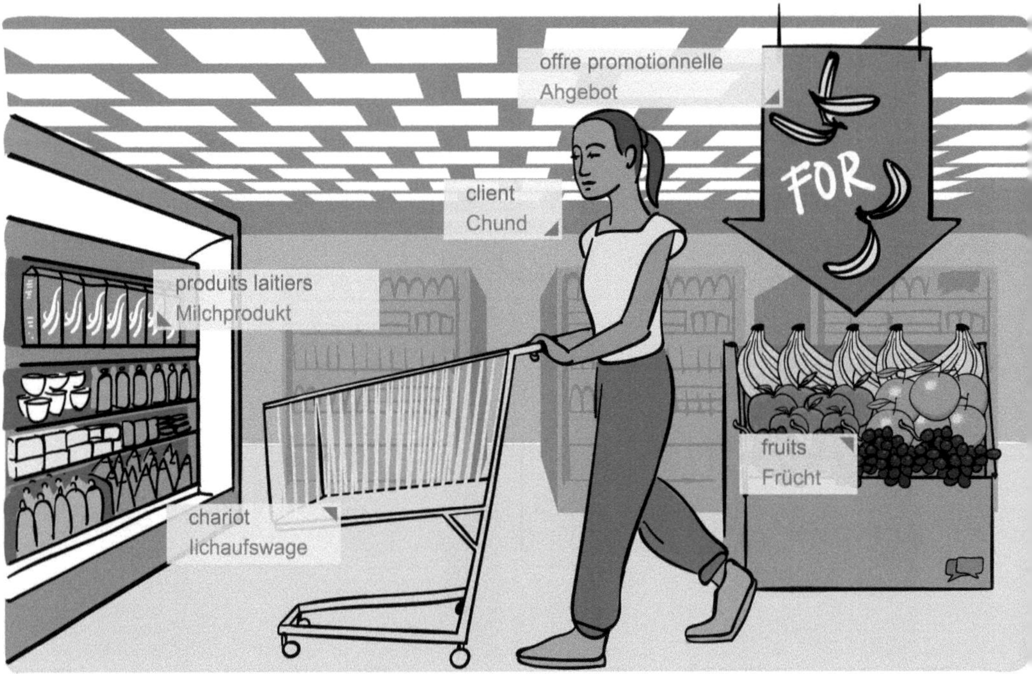

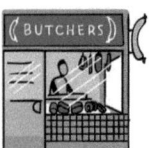

boucherie

Schlachter

BAKERY

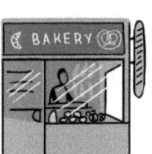

boulangerie

Beck

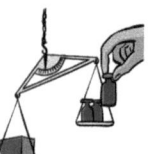

peser

wiege

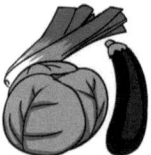

légumes

Gmües

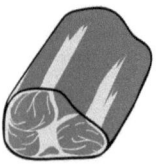

viande

Fleisch

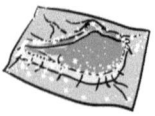

aliments surgelés

Tiefkühlprodukt

charcuterie

Ufschnitt

conserves

die Konsärve

poudre à lessive

Wöschmittel

bonbons

Süessigkeite

articles ménagers

Huushaltartikel

détergents

Putzmittel

vendeuse

Verchäuferin

caisse

Kassä

caissier

Kassierer

liste d'achats

Ihchaufsliste

heures d'ouverture

Öffnigszite

portefeuille

das Portemonnaie

carte de crédit

Kreditkarte

sac

Täsche

sac en plastique

Plastiksack

eau
....
Wasser

jus de fruit
....
Saft

lait
....
Milch

coca
....
Cola

vin
....
Wii

bière
....
Bier

alcool
....
Alkohol

chocolat chaud
....
Ovi

thé
....
Tee

café
....
Kafi

expresso
....
Espresso

cappuccino
....
Cappuccino

banane

Banane

pomme

Öpfel

orange

Orange

melon

Melone

citron

Zitrone

carotte

Rüebli

ail

Chnoobli

bambou

Bambus

oignon

Zwiblä

champignon

Pilz

noisettes

Nüss

pâtes

Nudle

spaghetti

Spaghetti

riz

Riis

salade

Salat

pommes frites

Pommfrit

pommes de terre rôties

Bratherdöpfel

pizza

Pizza

hamburger

Hamburgär

sandwich

Sandwich

escalope

Gotlett

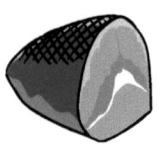

jambon

Schinkä

salami

Salami

saucisse

Würschtli

poulet

Huehn

rôti

Bratä

poisson

Fisch

flocons d'avoine
....
Haferflocke

muesli
....
Müesli

cornflakes
....
Cornflakes

farine
....
Mähl

croissant
....
Gipfeli

petits-pains
....
Brötli

pain
....
Brot

pain grillé
....
Toscht

biscuits
....
Guetzli

beurre
....
Butter

le fromage blanc
....
Quark

gâteau
....
Chueche

œuf
....
Ei

œuf au plat
....
Spiegelei

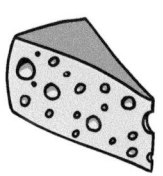

fromage
....
Chäs

glace

Glace

sucre

Zucker

miel

Honig

confiture

Gonfi

crème nougat

Nougat-Creme

curry

Curry

ferme
Buurehof

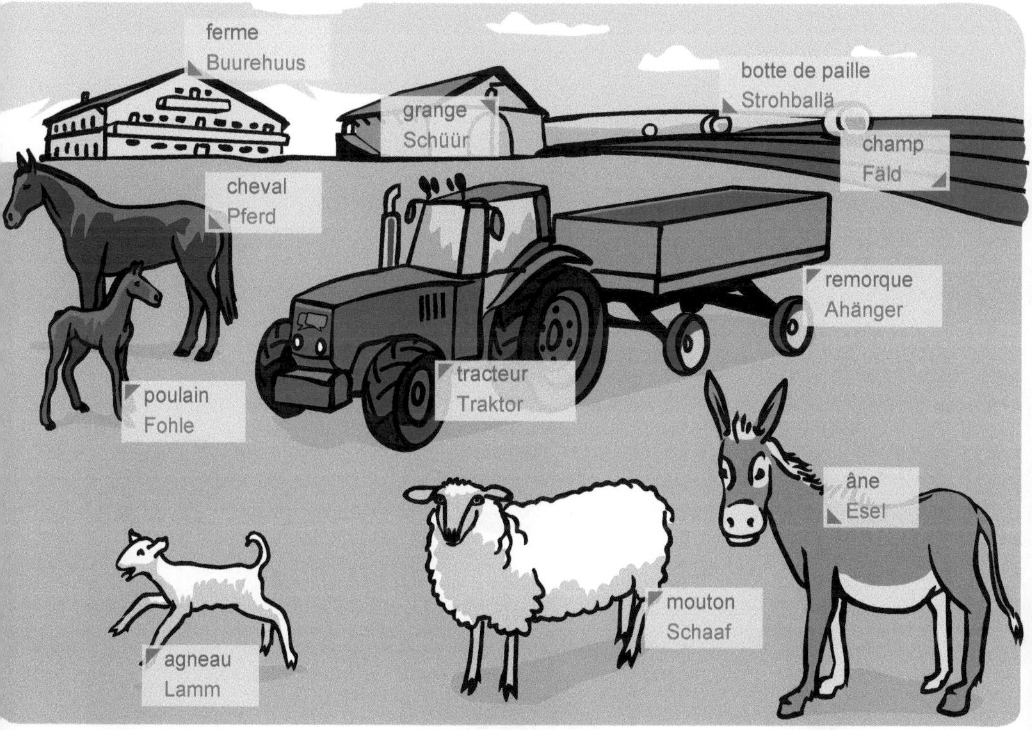
ferme
Buurehuus
grange
Schüür
botte de paille
Strohballä
champ
Fäld
cheval
Pferd
remorque
Ahänger
tracteur
Traktor
poulain
Fohle
âne
Esel
mouton
Schaaf
agneau
Lamm

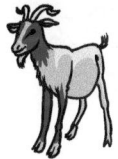

chèvre
Geiss

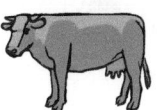

vache
Chueh

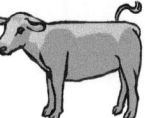

veau
Chalb

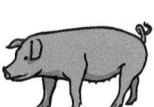

porc
Sau

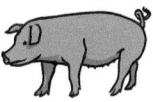

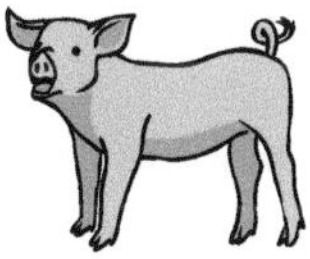

porcelet
Ferkel

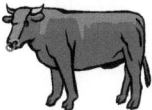

taureau
Rind

oie

Gans

canard

Änte

poussin

Küke

poule

Huähn

coq

Güggel

rat

Ratte

chat

Chatz

souris

Muus

bœuf

Ochse

chien

Hund

chenil

Hundehütte

tuyau de jardin

Garteschluuch

arrosoir

Giesschanne

faucheuse

Sägese

charrue

Pflueg

faucille

Sichel

pioche

Hacke

fourche

Heugable

hache

Axt

brouette

Garette

cuve

Trog

pot à lait

Milchchanne

sac

Sack

clôture

Haag

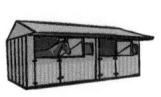

étable

Gadä

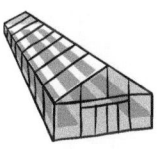

serre

Gwächshuus

sol

Bode

semences

Soome

engrais

Dünger

moissonneuse-batteuse

Mähdrescher

récolter

ärnte

récolte

Ärnte

igname

Yamswurzle

blé

Weize

soja

Soja

pomme de terre

Härdöpfel

maïs

Mais

colza

Raps

arbre fruitier

Obstbaum

manioc

Maniok

céréales

Getreide

maison
Huus

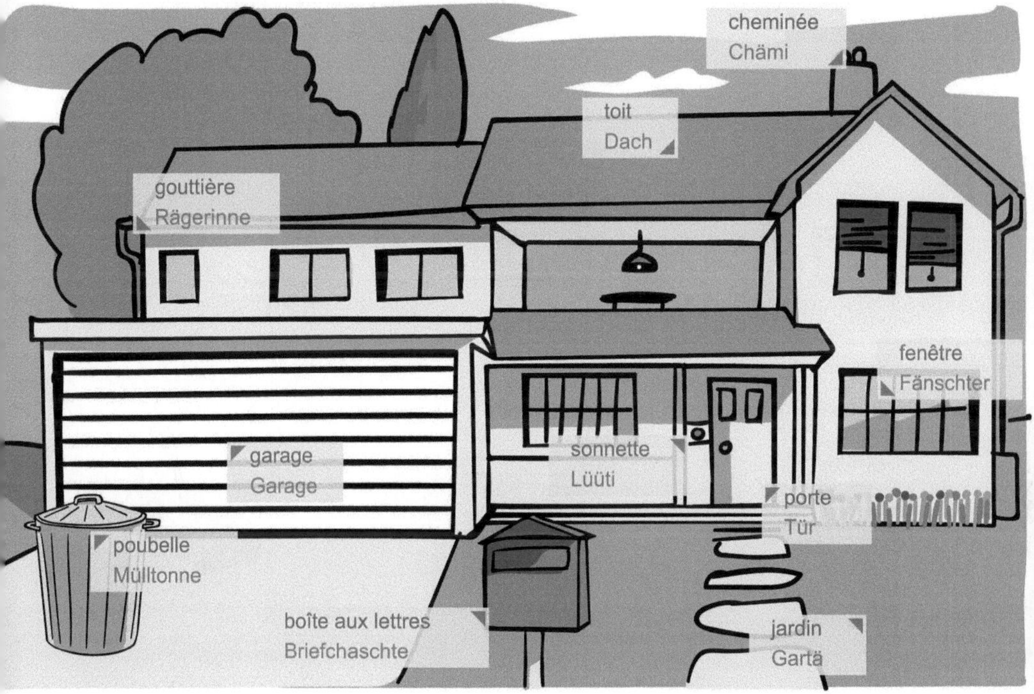
cheminée
Chämi
toit
Dach
gouttière
Rägerinne
fenêtre
Fänschter
sonnette
Lüüti
garage
Garage
porte
Tür
poubelle
Mülltonne
boîte aux lettres
Briefchaschte
jardin
Gartä

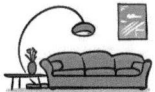

salon

Stubä

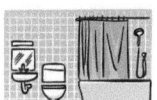

salle de bain

Badzimmer

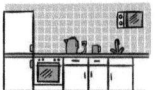

cuisine

Chuchi

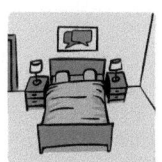

chambre à coucher

Schlofzimmer

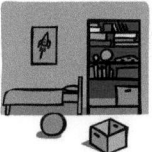

chambre d'enfant

Chinderzimmer

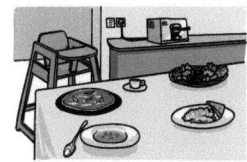

salle à manger

Ässzimmer

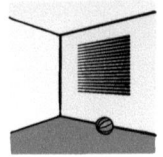

sol

Bodä

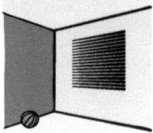

mur

Wand

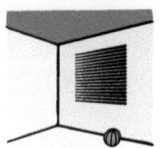

plafond

Decki

cave

Chäller

sauna

Sauna

balcon

Balkon

terrasse

Terasse

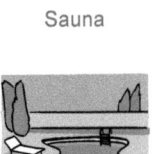

piscine

Pool

tondeuse à gazon

Rasemäier

housse

Bettbezug

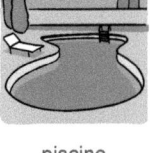

couette

Bettdecki

lit

Bett

balai

Bäse

sceau

Chübel

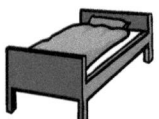

interrupteur

Schalter

salon
Stubä

papier peint
Tapete
image
Bild
lampe
Lampä
étagère
Regal
armoire
Schrank
télé
Färnseh
cheminée
Kamin
fleur
Bluamä
coussin
Chüssi
sofa
Sofa
vase
Vasä
télécommande
Färnbedienig

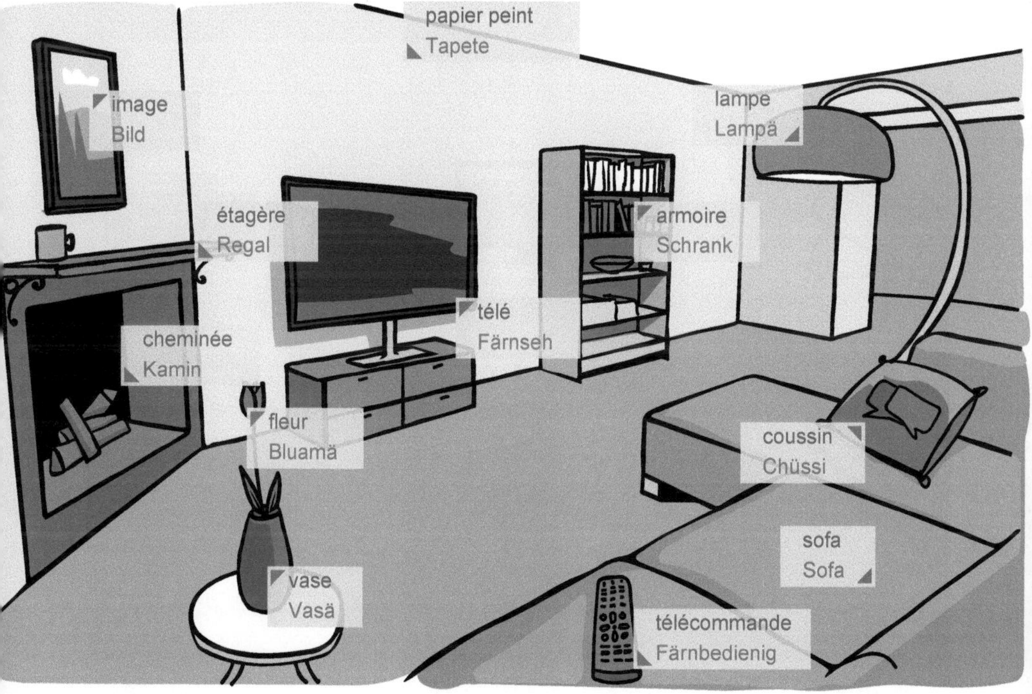

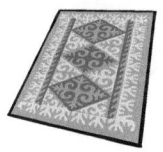

tapis
Teppich

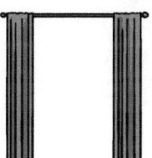

rideau
Vorhang

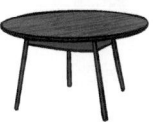

table
Tisch

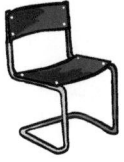

chaise
Stuehl

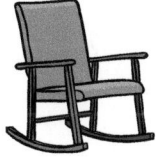

chaise à bascule
Schaukelstuehl

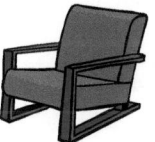

fauteuil
Sässel

livre

Buech

couverture

Decki

décoration

Dekoration

bois de chauffage

Füürholz

film

Film

chaîne hi-fi

Stereoahlag

clé

Schlüssel

journal

Ziitig

peinture

Bild

poster

Poster

radio

Radio

bloc-notes

Notizblock

aspirateur

Staubsuuger

cactus

Kaktus

bougie

Chärze

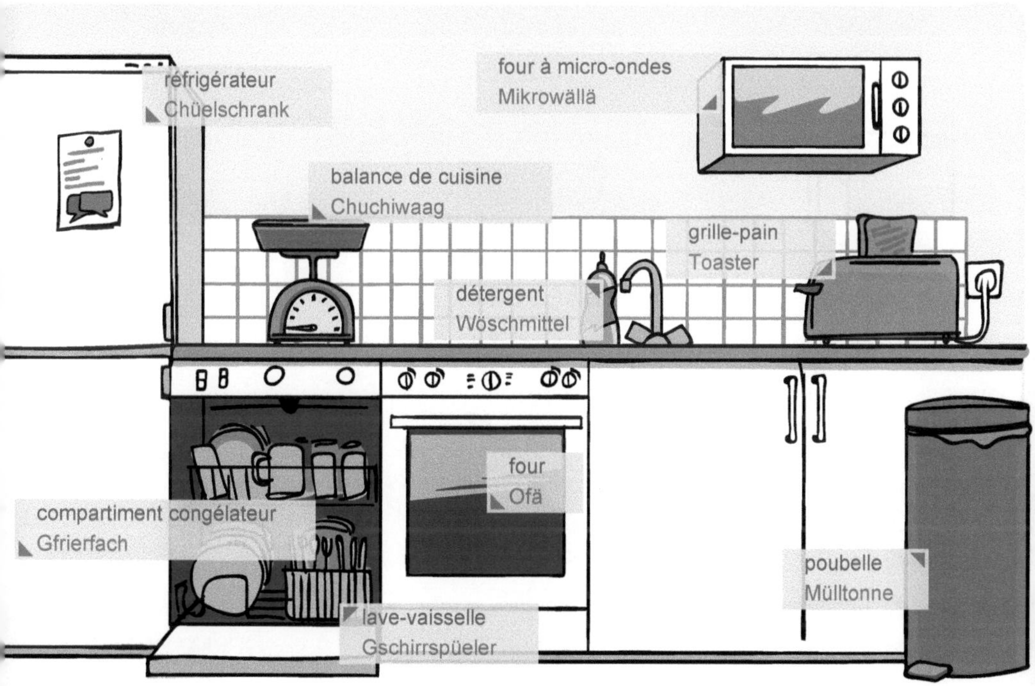

réfrigérateur
Chùelschrank

four à micro-ondes
Mikrowällä

balance de cuisine
Chuchiwaag

grille-pain
Toaster

détergent
Wöschmittel

four
Ofä

compartiment congélateur
Gfrierfach

poubelle
Mülltonne

lave-vaisselle
Gschirrspüeler

four
Härd

casserole
Topf

marmite
lisetopf

wok / kadai
Wok / Kadai

poêle
Pfanne

bouilloire electrique
Wasserchocher

cuiseur vapeur

Dampfer

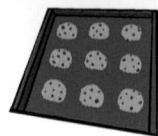

plaque de cuisson

Bachbläch

vaisselle

Gschirr

gobelet

Bächer

coupe

Schale

baguettes

Stäbli

louche

Suppechellä

spatule

Pfannewänder

fouet

Schneebäse

passoire

Sieb

tamis

Sieb

râpe

Raffle

mortier

Mörser

barbecue

Grill

cheminée

Füürstell

planche à découper

Schniidbrätt

rouleau à pâtisserie

Nudelholz

tire-bouchon

Korkäzieher

boîte

Dosä

ouvre-boîte

Dosäöffner

maniques

Topflappä

lavabo

Wöschbecki

brosse

Bürste

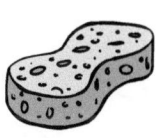

éponge

Schwumm

mixeur

Mixer

congélateur

Gfrierschrank

biberon

Babyfläschli

robinet

Hahnä

salle de bain

Badzimmer

chauffage
Heizig
douche
Duschi
serviette
Handtuech
rideau de douche
Duschvorhang
bain moussant
Schumbad
baignoire
Badwanne
verre
Glas
machine à laver
Wöschmaschine
robinet
Hahnä
carrelage
Fliesä
pot
Töpfli
lavabo
Wöschbecki

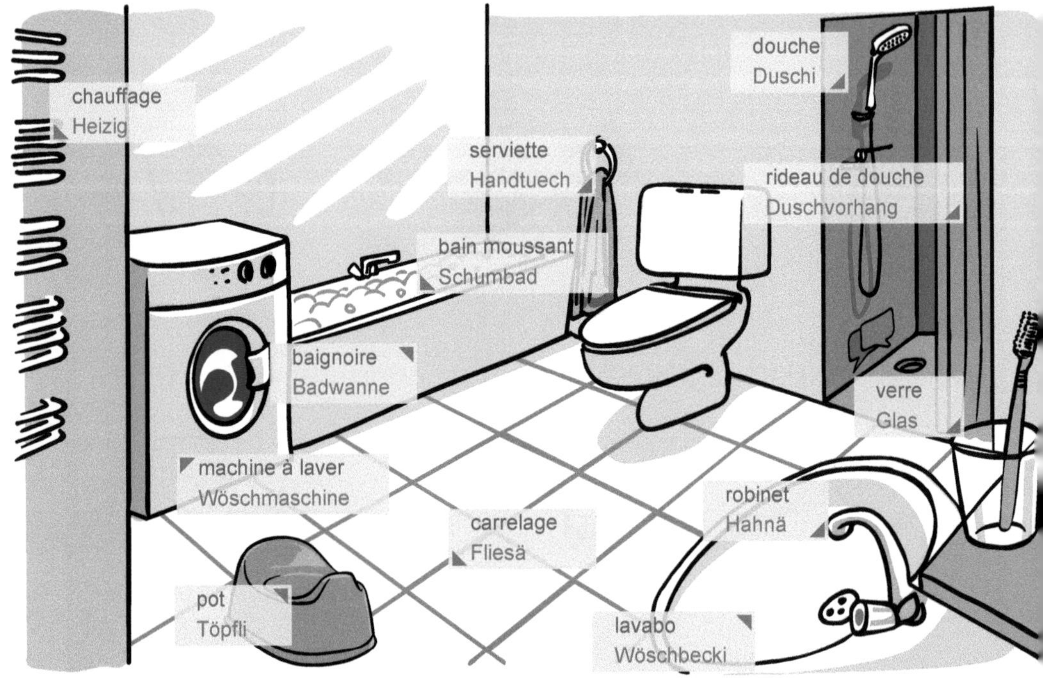

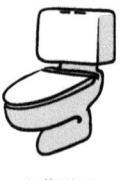

toilettes

Toilette

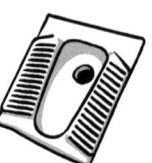

toilette à la turque

Plumpsklo

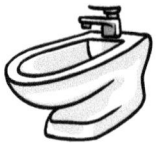

bidet

Bidet

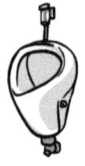

urinoir

Pissoir

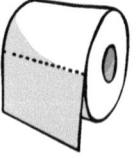

papier toilette

Toilettepapier

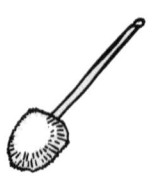

brosse à toilette

Toilettebürschteli

brosse à dents

Zahbürstä

dentifrice

Zahpasta

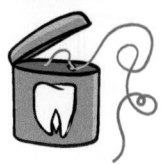

fil dentaire

Zahnsiide

laver

wäsche

douche manuelle

Handduschi

douche intime

Intiimduschi

vasque

Wöschbecki

brosse dorsale

Ruggäbürste

savon

Seifä

gel douche

Duschgel

shampooing

Shampoo

gant de toilette

Waschlappä

écoulement

Abfluss

crème

Creme

déodorant

Deo

miroir

Spiegel

miroir cosmétique

Handspiegel

rasoir

Rasierer

mousse à raser

Rasierschuum

après-rasage

Aftershave

peigne

Schträäl

brosse

Bürstä

sèche-cheveux

Föhn

laque pour cheveux

Hoorspray

fond de teint

Makeup

rouge à lèvres

Lippestift

vernis à ongles

Nagellack

ouate

Wattä

coupe-ongles

Nagelscher

parfum

Parfum

trousse de toilette

Necessaire

tabouret

Schemel

pèse-personne

Waag

peignoir

Badmantel

gants de nettoyage

Gummihändscheh

tampon

Tampon

serviettes hygiéniques

Damebinde

toilette chimique

chemischi Toilette

chambre d'enfant

Chinderzimmer

réveil
Wecker
doudou
Kuscheltier
voiture jouet
Spielzügauto
hochet
Rassle
maison de poupée
Puppehuus
cadeau
Gschänk

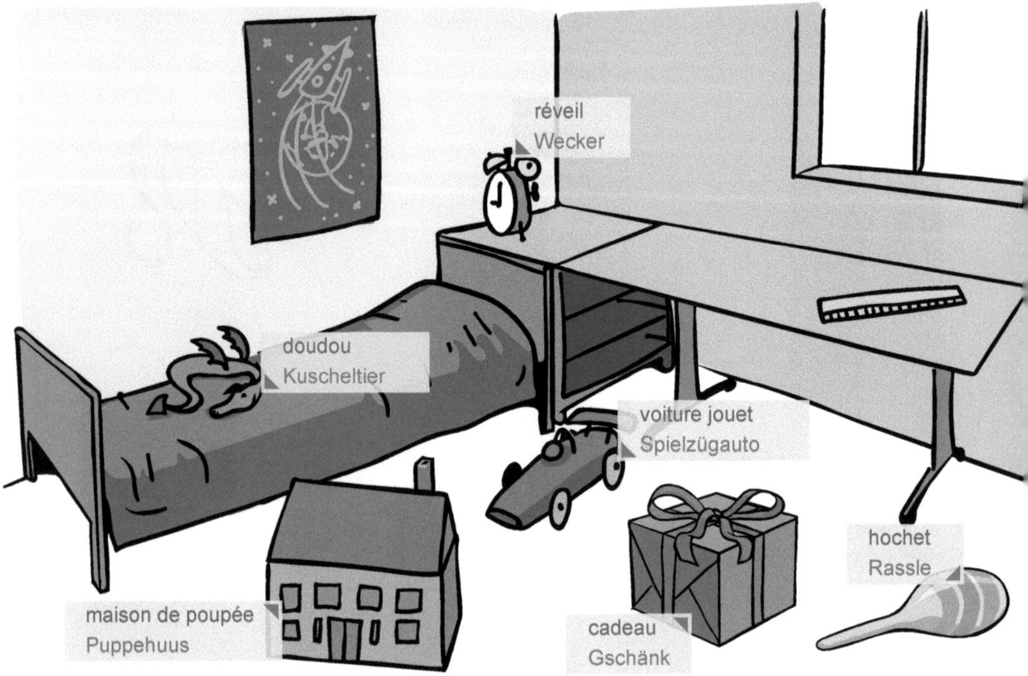

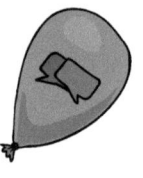

ballon

Ballon

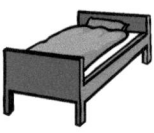

lit

Bett

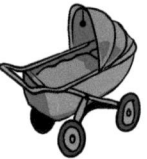

poussette

Chinderwage

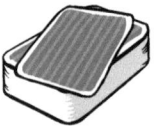

jeu de cartes

Chartespiel

puzzle

Puzzle

SUPER
MEGA

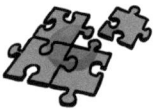

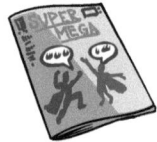

bande dessinée

Comic

pièces lego

Legos

blocs de construction

Baustei

figurine

Action Figur

grenouillère

Strampli

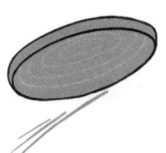

frisbee

Frisbee

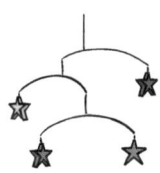

mobile

Mobile

jeu de société

Brättspiel

dé

Würfäl

train miniature

Modellisebahn

sucette

Nuggi

fête

Party

livre d'images

Bilderbuch

balle

Ball

poupée

Puppä

jouer

spiele

bac à sable

Sandchaschte

balançoire

Gigampfi

jouets

Spielzüg

console de jeu

Videospielkonsole

tricycle

Dreirad

ours en peluche

Teddy

armoire

Chleiderschrank

vêtements

Chleidig

chaussettes

Sockä

bas

Strümpf

collant

Strumpfhosä

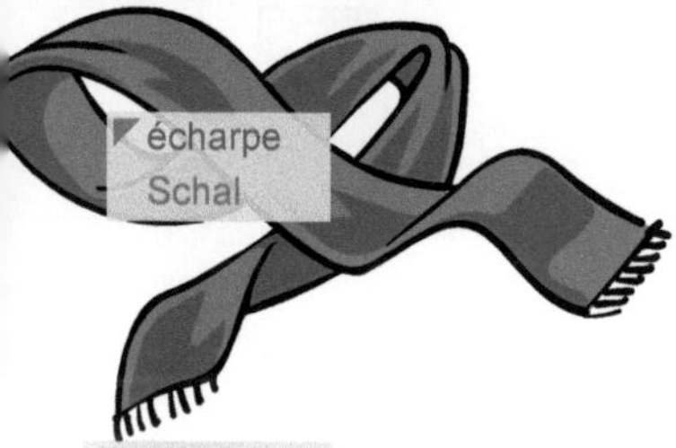

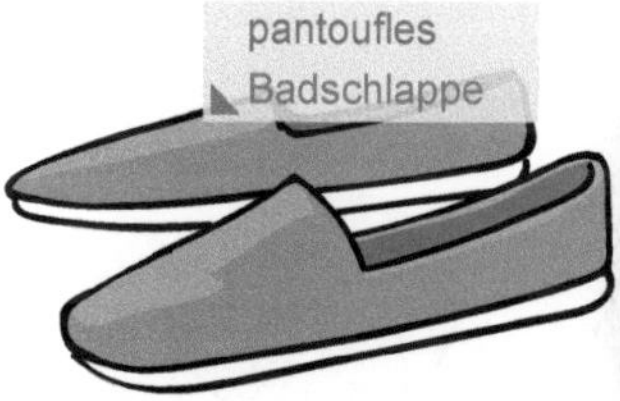

écharpe
Schal

ceinture
Gürtel

parapluie
Rägeschirm

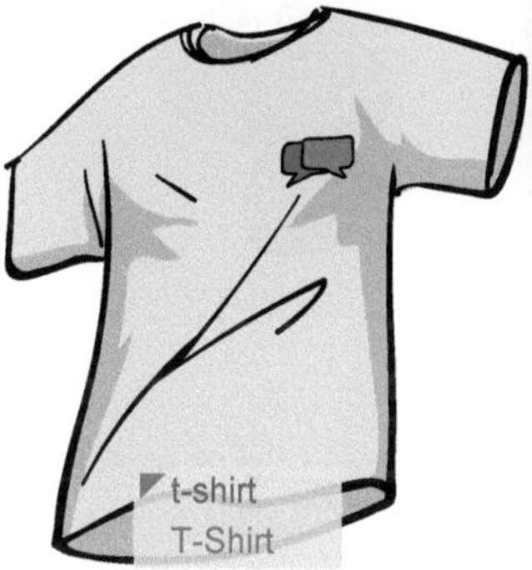

t-shirt
T-Shirt

bottes
Stiefel

pantoufles
Badschlappe

baskets
Turnschueh

sandales
·················
Sandalä

chaussures
·················
Schueh

bottes de caoutchouc
·················
Gummistiefel

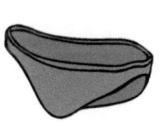

sous-vêtements
·················
Untrhosä

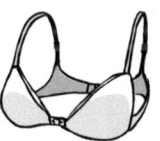

soutien-gorge
·················
BH

maillot de corps
·················
Underlibli

body

Body

pantalon

Hosä

jean

Jeans

jupe

Rock

chemisier

Bluse

chemise

Hömli

pull

Pulli

sweat à capuche

Kapuzepulli

veste

Blazer

veste

Jacke

manteau

Mantel

imperméable

Rägämantel

costume

Chostüm

robe

Chleid

robe de mariée

Hochziitskleid

vêtements - Chleidig

costume

Ahzug

chemise de nuit

Nachthömli

pyjama

Pyjama

sari

Sari

foulard

Chopftuäch

turban

Turban

burqa

Burka

caftan

Kaftan

abaya

Abaya

maillot de bain

Badchleid

maillot de bain

Badhose

short

churzi Hosä

tenue d'entraînement

Trainer

tablier

Schürze

gants

Händsche

bouton

Chnopf

lunettes

Brüllä

bracelet

Armband

collier

Chetti

bague

Ring

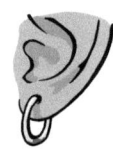

boucle d'oreille

Ohrering

bonnet

Chappe

cintre

Chleiderbügel

chapeau

Huet

cravate

Grawattä

fermeture éclair

Riissverschluss

casque

Helm

bretelles

Hosäträger

uniforme scolaire

Schueluniform

uniforme

Uniform

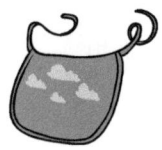

bavoir

Lätzli

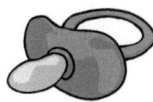

sucette

Nuggi

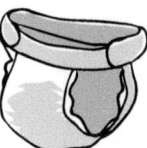

lange

Windle

bureau
Büro

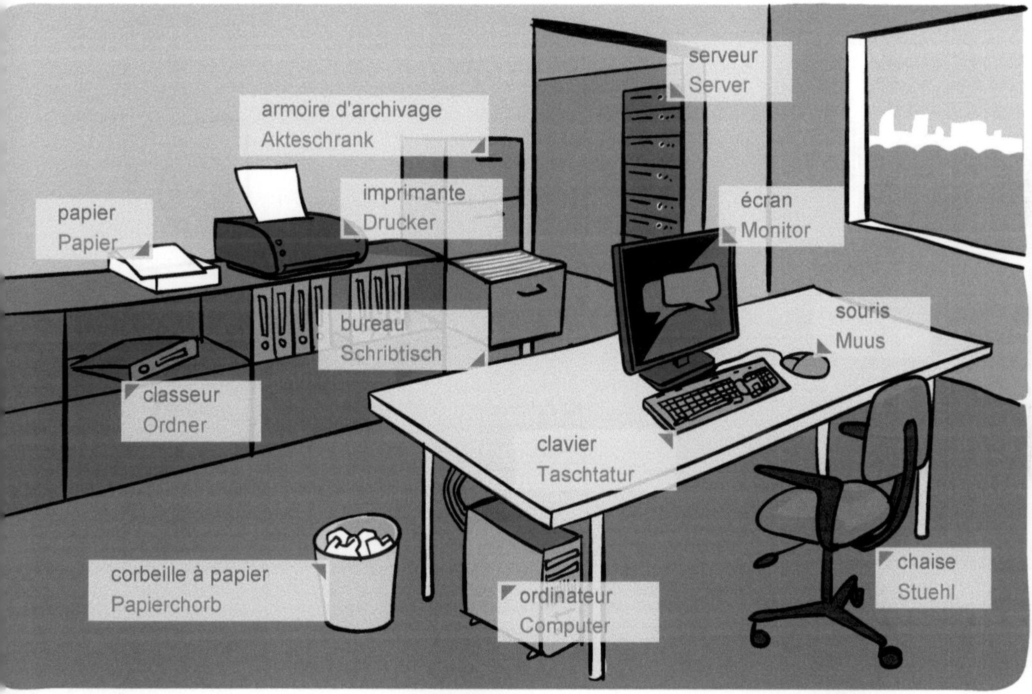
serveur
Server
armoire d'archivage
Akteschrank
imprimante
Drucker
papier
Papier
écran
Monitor
souris
Muus
bureau
Schribtisch
classeur
Ordner
clavier
Taschtatur
chaise
Stuehl
corbeille à papier
Papierchorb
ordinateur
Computer

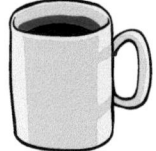

tasse de café

Kafibächer

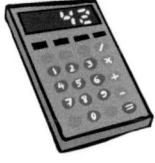

calculatrice

Tascherächner

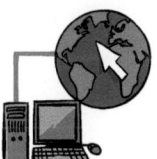

internet

Internet

ordinateur portable

Laptop

lettre

Brief

message

Nochricht

portable

Mobiltelefon

réseau

Netzwärk

photocopieuse

Kopierer

logiciel

Software

téléphone

Telefon

prise

Steckdosä

fax

Fax

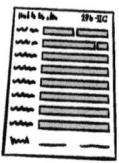

formulaire

Formular

document

Dokumänt

acheter

chaufe

payer

zahle

faire du commerce

handle

monnaie

Gäld

dollar

Dollar

euro

Euro

yen

Yen

rouble

Rubel

franc suisse

Frankä

renminbi yuan

Renminbi Yuan

roupie

Rupie

distributeur automatique

Gäldautomat

bureau de change

Wächselstube

or

Gold

argent

Silber

pétrole

Öl

énergie

Energie

prix

Priis

contrat

Vertrag

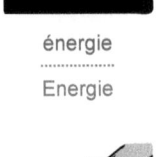

taxe

Stüür

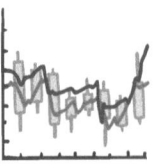

action

Aktie

travailler

schaffe

employé

Mitarbeiter

employeur

Arbeitgeber

usine

Fabrik

magasin

Gschäft

professions
Brüef

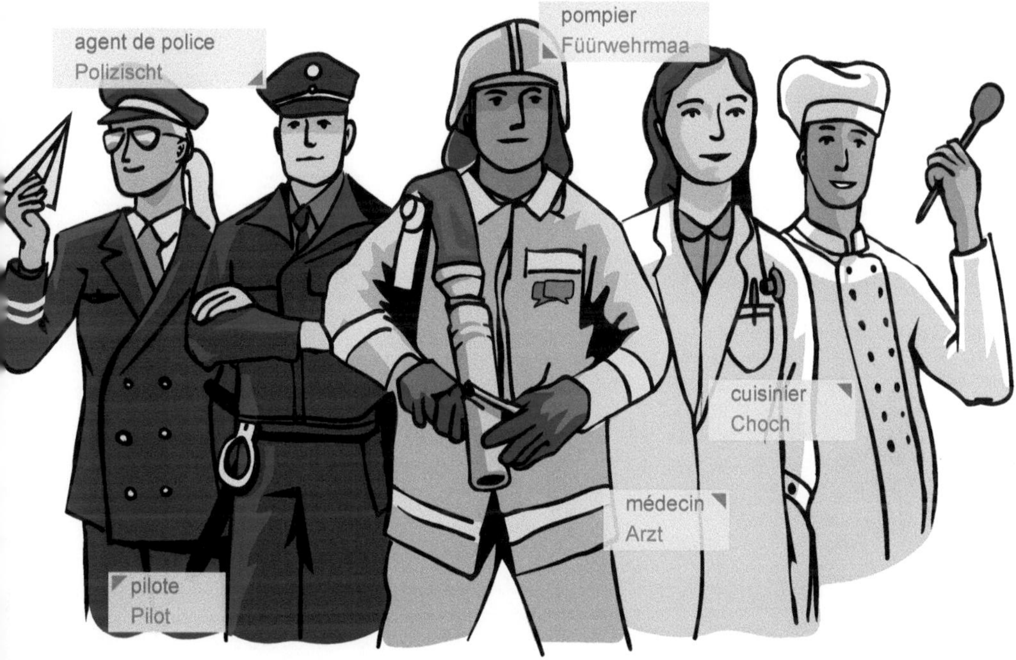
agent de police
Polizischt
pompier
Füürwehrmaa
cuisinier
Choch
médecin
Arzt
pilote
Pilot

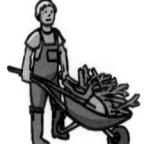

jardinier

Gärtner

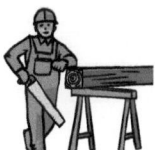

menuisier

Zimmermah

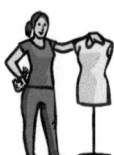

couturière

Näheri

juge

Richter

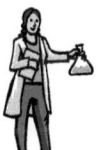

chimiste

Chemiker

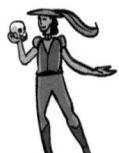

acteur

Darsteller

conducteur de bus

Busfahrer

chauffeur de taxi

Taxifahrer

pêcheur

Fischer

femme de ménage

Putzfrau

couvreur

Dachdecker

serveur

Chällner

chasseur

Jäger

peintre

Moler

boulanger

Bäcker

électricien

Elektriker

ouvrier

Bauarbeiter

ingénieur

Ingenieur

boucher

Schlachter

plombier

Klämpner

facteur

Pöschtler

soldat

Soldat

architecte

Architekt

caissier

Kassierer

fleuriste

Florischt

coiffeur

Frisör

contrôleur

Kontrolleur

mécanicien

Mechaniker

capitaine

Kapitän

dentiste

Zahnarzt

scientifique

Wüsseschaftler

rabbin

Rabbi

imam

Imam

moine

Mönch

prêtre

Pfarrer

outils
Werkzüüg

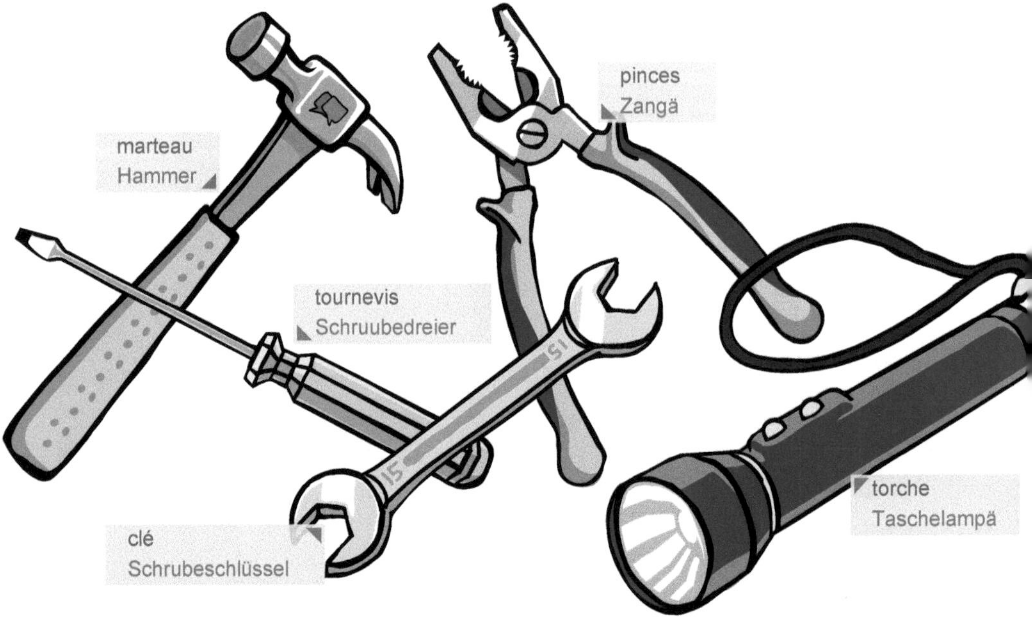

marteau
Hammer
pinces
Zangä
tournevis
Schruubedreier
clé
Schrubeschlüssel
torche
Taschelampä

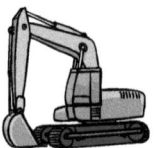

pelleteuse

Bagger

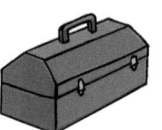

boîte à outils

Werkzüügchaschte

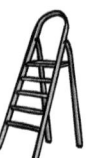

échelle

Leitere

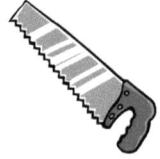

scie

Sagi

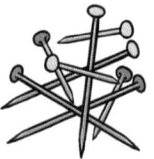

clous

Negel

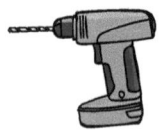

perceuse

Bohrer

réparer

flicke

pelle

Schufle

Mince !

Mischt!

pelle

Ascheschufle

pot de peinture

Farbchübel

vis

Schruube

instruments de musique
Musiginstrumänt

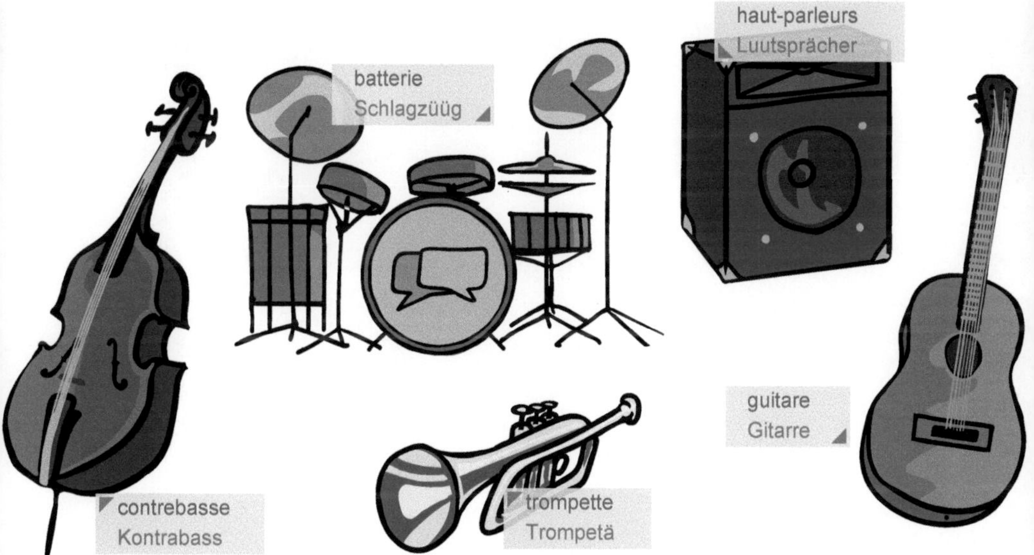

batterie
Schlagzüüg

haut-parleurs
Luutsprächer

guitare
Gitarre

contrebasse
Kontrabass

trompette
Trompetä

piano

Klavier

violon

Violine

basse

Bass

timbales

Pauke

tambour

Trummle

piano électrique

Keyboard

saxophone

Saxophon

flûte

Flöte

microphone

Mikrofon

ZOO
Zolli

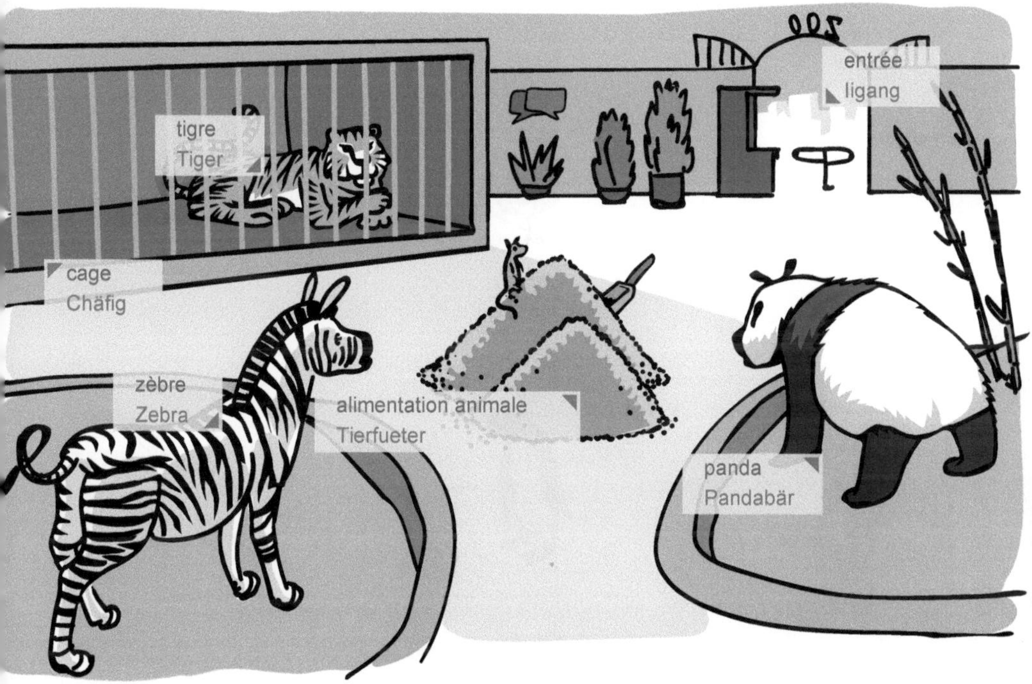
tigre
Tiger
entrée
Iigang
cage
Chäfig
zèbre
Zebra
alimentation animale
Tierfueter
panda
Pandabär

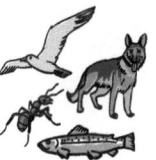

animaux

Tier

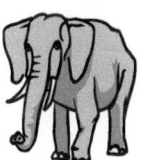

éléphant

Elefant

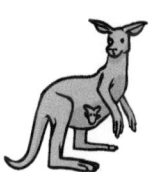

kangourou

Känguru

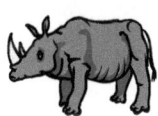

rhinocéros

Nashorn

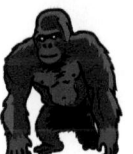

gorille

Gorilla

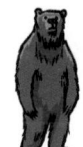

ours

Bär

chameau

Kamel

autruche

Struss

lion

Leu

singe

Aff

flamand rose

Flamingo

perroquet

Papagei

ours polaire

Iisbär

pingouin

Pinguin

requin

Hai

paon

Pfau

serpent

Schlangä

crocodile

Krokodil

gardien de zoo

Zoowärter

phoque

Robbä

jaguar

Jaguar

poney

Pony

léopard

Leopard

hippopotame

Nilpfärd

girafe

Giraff

aigle

Adler

sanglier

Wildschwein

poisson

Fisch

tortue

Schildkrot

morse

Walross

renard

Fuchs

gazelle

Gazelle

american Football
American Football

cyclisme
Velofahre

tennis
Tennis

basket-ball
Basketball

natation
Schwümmä

boxe
Boxä

hockey sur glace
lishockey

football
Fuessball

badminton
Badminton

athlétisme
Liechtathletik

handball
Handball

ski
Skifahre

polo
Polo

activités
Aktivitäte

sauter
springä
embrasser
umarme
rire
lachä
marcher
gah
chanter
singe
rêver
troime
prier
bätte
faire la bise
küssä

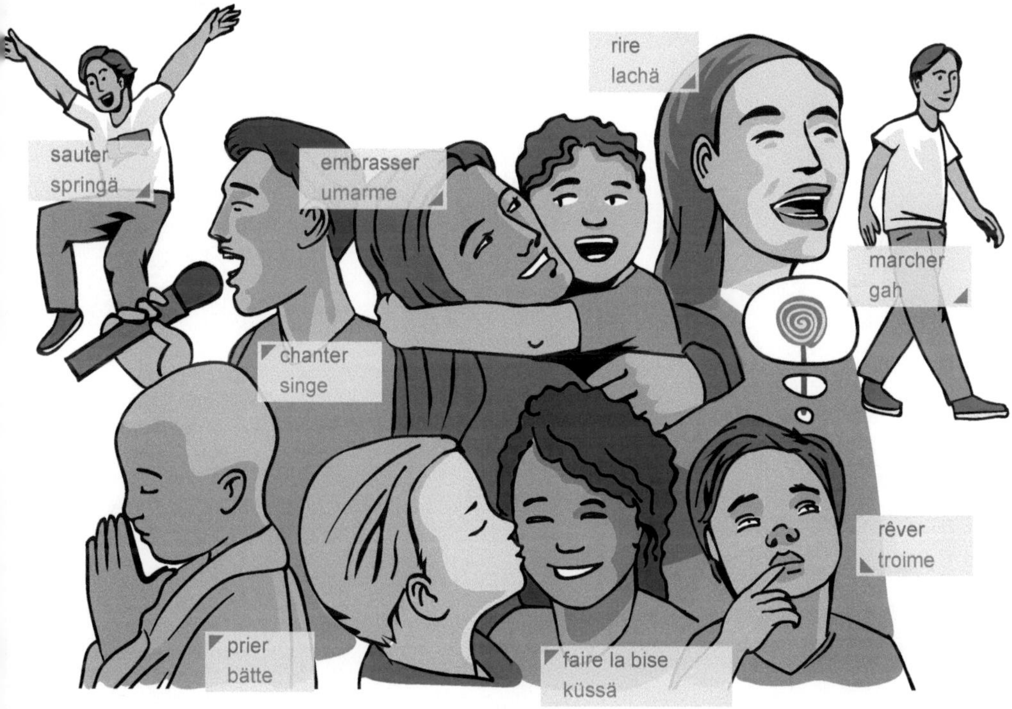

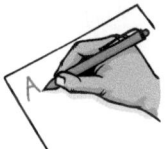

écrire

schribe

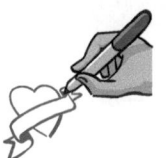

dessiner

zeichne

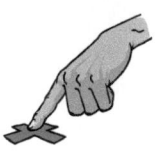

montrer

zeige

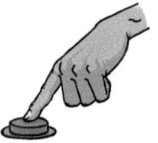

pousser

schiebe

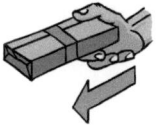

donner

gäh

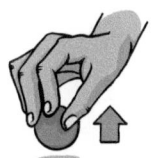

prendre

näh

avoir

händ

faire

mache

être

sy

être debout

stah

courir

laufe

trier

zieh

jeter

rüerä

tomber

fallä

être couché

ligge

attendre

warte

porter

träge

être assis

sitze

s'habiller

ahzieh

dormir

schlafe

se réveiller

ufwache

regarder

ahluege

pleurer

brüele

caresser

striichle

peigner

bürste

parler

redä

comprendre

verschtah

demander

froog

écouter

lose

boire

trinke

manger

ässe

ranger

ufruume

aimer

liebe

cuire

chochä

conduire

fahre

voler

flüge

faire de la voile

segle

calculer

rächne

lire

läse

apprendre

leerä

travailler

schaffe

se marier

hürate

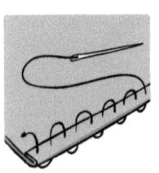

coudre

näije

brosser les dents

Zäh putze

tuer

töte

fumer

schlootä

envoyer

sände

grand-mère
Grossmuetter

grand-père
Grossvater

père
Vatter

mère
Muetter

bébé
Baby

fille
Tochter

fils
Sohn

hôte

Gast

tante

Tante

oncle

Unkel

frère

Brüeder

sœur

Schwöschter

corps

Körpär

front
Stirn
œil
Aug
épaule
Schultere
doigt
Fingär
visage
Gsicht
menton
Chüni
main
Hand
jambe
Bei
poitrine
Bruscht
bras
Arm

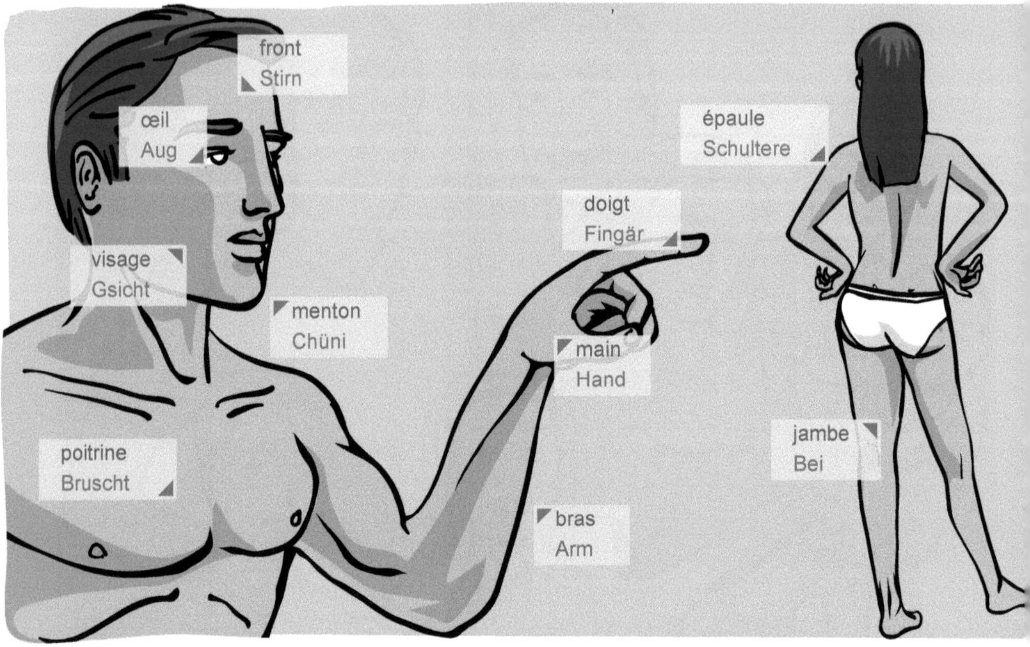

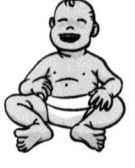

bébé

Baby

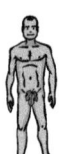

homme

Mah

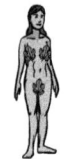

femme

Frau

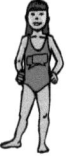

fille

Meitli

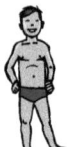

garçon

Bueb

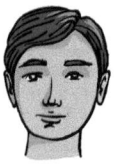

tête

Chopf

dos

Ruggä

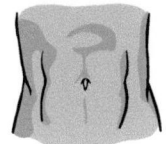

ventre

Buuch

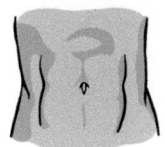

nombril

Buchnabel

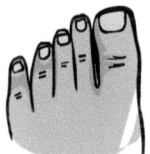

orteil

Zäche

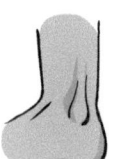

talon

Fersä

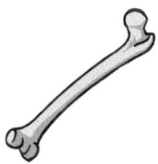

os

Knoche

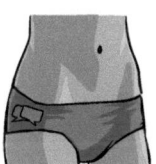

hanche

Hüfte

genou

Chnü

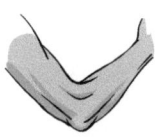

coude

Ellbogä

nez

Nase

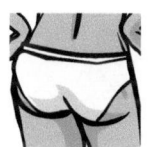

fesses

Füdli

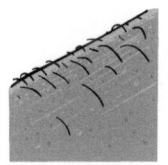

peau

Hut

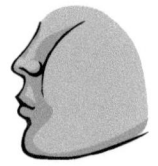

joue

Bagge

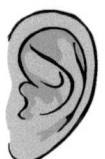

oreille

Ohr

lèvre

Lippe

bouche

Muul

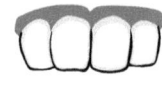

dent

Zah

langue

Zungä

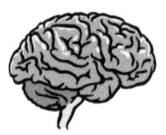

cerveau

Hirni

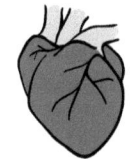

cœur

Härz

muscle

Muskel

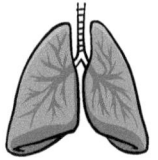

poumons

Lungä

foie

Läberä

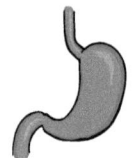

estomac

Magen

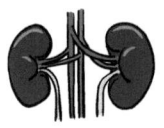

reins

Nierä

rapport sexuel

Gschlächtsvrkehr

préservatif

Kondom

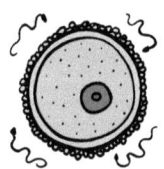

ovule

Eizälle

sperme

Soome

grossesse

Schwangerschaft

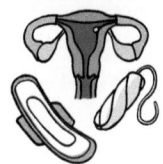

menstruation

Menstruation

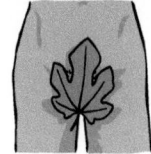

vagin

Vagina

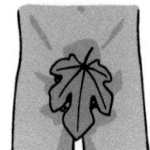

pénis

Penis

sourcil

Augebrauä

cheveux

Haar

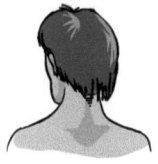

cou

Hals

hôpital
Spital

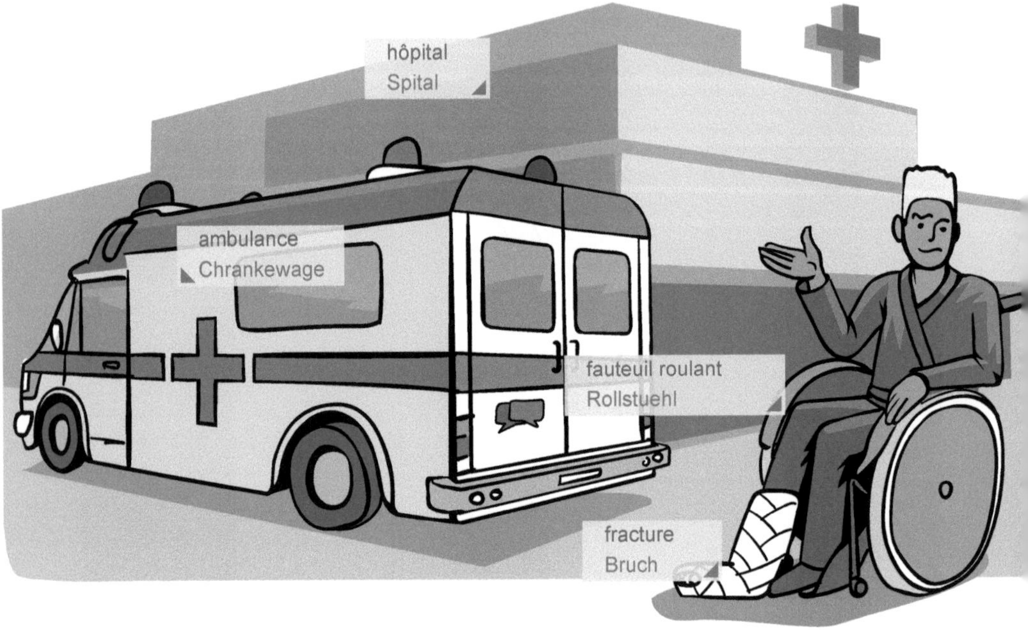

hôpital
Spital
ambulance
Chrankewage
fauteuil roulant
Rollstuehl
fracture
Bruch

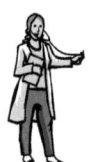

médecin
Arzt

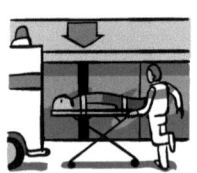

service des urgences
Notufnahm

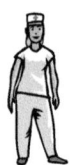

infirmière
Chrankeschwöschter

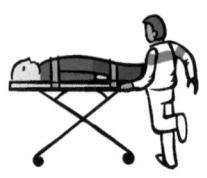

urgence
Notfall

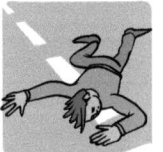

inconscient
ohnmächtig

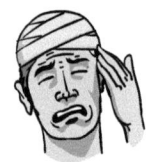

douleur
Schmärz

blessure

Verletzig

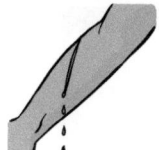

hémorragie

Bluätig

crise cardiaque

Härzinfarkt

attaque cérébrale

Schlagahfall

allergie

Allergie

toux

Hueschtä

fièvre

Fieber

grippe

Grippe

diarrhée

Durchfall

mal de tête

Kopfschmärze

cancer

Kräbs

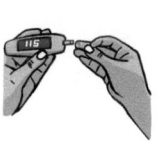

diabète

Diabetes

chirurgien

Chirurg

scalpel

Skalpell

opération

Operation

CT

CT

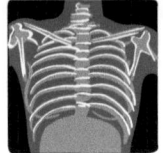

radiographie

Röntgä

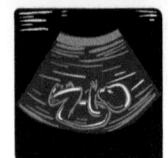

échographie

Ultraschall

masque

Gsichtsmaske

maladie

Krankhet

salle d'attente

Wartezimmer

béquille

Krückä

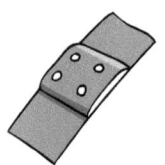

pansement

Pflaster

pansement

Vrband

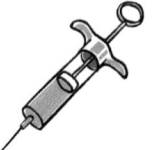

injection

Injektion

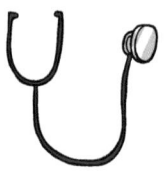

stéthoscope

Stethoskop

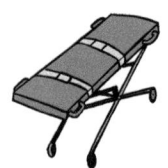

brancard

Trage

thermomètre

Thermometer

accouchement

Geburt

surcharge pondérale

Übergwicht

appareil auditif

Hörgrät

désinfectant

Desinfektionsmittel

infection

Infektion

virus

Virus

VIH / sida

HIV / AIDS

médicament

Medizin

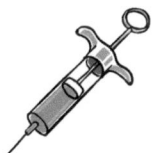

vaccination

Impfig

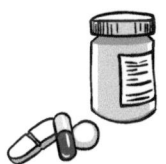

comprimés

Tablette

pilule

Pille

appel d'urgence

Notruef

tensiomètre

Bluetdruck-Mässgrät

malade / sain

chrank / gsund

alarme

Alarm

assaut

Überfall

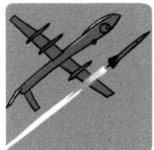

Au secours !

Hiufe!

attaque

Ahgriff

danger

Gfohr

sortie de secours

Notuusgang

Au feu!

Füür!

extincteur

Füürlöscher

accident

Unfall

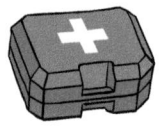

trousse de premier secours

Ersti-Hilf-Koffer

SOS

SOS

police

Polizei

Europe

Europa

Amérique du Nord

Nordamerika

Amérique du Sud

Südamerika

Afrique

Afrika

Asie

Asie

Australie

Auschtralie

Océan atlantique

Atlantik

Océan pacifique

Pazifik

Océan indien

Indische Ozean

Océan antarctique

Antarktische Ozean

Océan arctique

Arktische Ozean

pôle nord

Nordpol

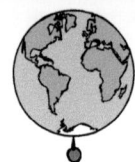

pôle sud

Südpol

Antarctique

Antarktis

terre

Ärde

pays

Land

mer

Meer

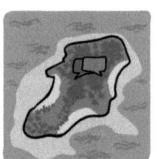

île

Inslä

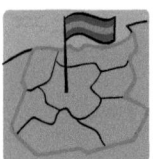

nation

Nation

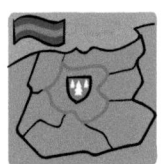

état

Staat

cadran

Ziffereblatt

aiguille des heures

Stundezeiger

aiguille des minutes

Minutezeiger

aiguille des secondes

Sekundezeiger

Quelle heure est-il ?

Wie spaht isch es?

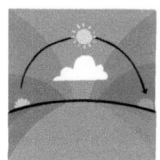

jour

Tag

temps

Zit

maintenant

jetzt

montre digitale

Digitaluhr

minute

Minute

heure

Stunde

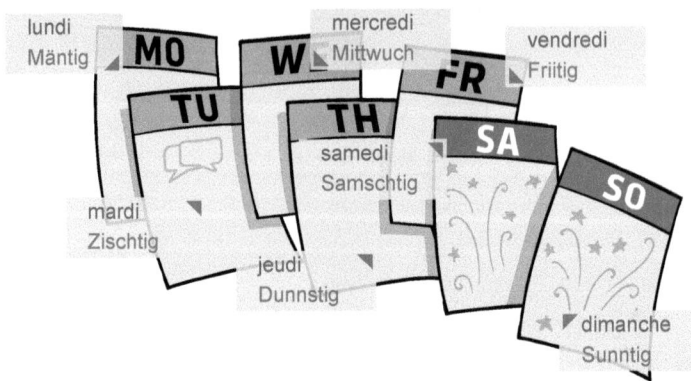

lundi — Mäntig
mardi — Zischtig
mercredi — Mittwuch
jeudi — Dunnstig
vendredi — Friitig
samedi — Samschtig
dimanche — Sunntig

hier
geschter

aujourd'hui
hüt

demain
morn

matin
Morgä

midi
Mittag

soir
Aabig

MO	TU	WE	TH	FR	SA	SU
1	2	3	4	5	6	7
8	9	10	11	12	13	14
15	16	17	18	19	20	21
22	23	24	25	26	27	28
29	30	31	1	2	3	4

jours ouvrables
Wärktag

MO	TU	WE	TH	FR	SA	SU
1	2	3	4	5	6	7
8	9	10	11	12	13	14
15	16	17	18	19	20	21
22	23	24	25	26	27	28
29	30	31	1	2	3	4

week-end
Wuchenänd

année
Johr

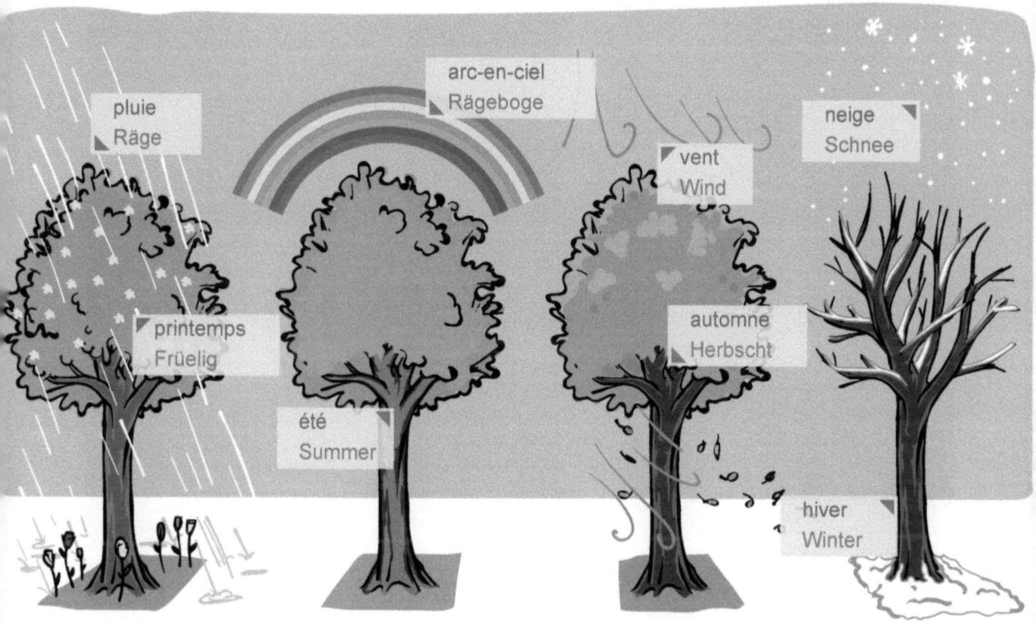
pluie
Räge
arc-en-ciel
Rägeboge
vent
Wind
neige
Schnee
printemps
Früelig
automne
Herbscht
été
Summer
hiver
Winter

4.APRIL 11°
5.APRIL 4°
6.APRIL 13°
7.APRIL 8°
8.APRIL 10°

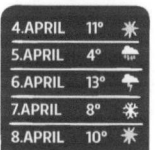

météo

Wättervorhärsag

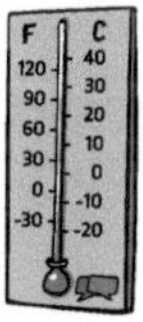
F C
120 40
90 30
60 20
30 10
0 0
-30 -10
-20

thermomètre

Thermometer

lumière du soleil

Sunneschiin

nuage

Wolkä

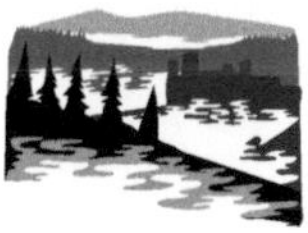

brouillard

Näbel

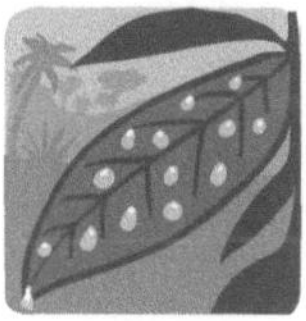

humidité

Fiechtigkeit

foudre

Blitz

tonnerre

Dunner

tempête

Sturm

grêle

Hagel

mousson

Monsun

inondation

Fluet

glace

Iis

janvier

Januar

février

Februar

mars

März

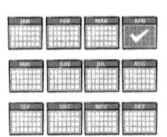

avril

April

mai

Mai

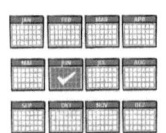

juin

Juni

juillet

Juli

août

Auguscht

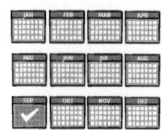

septembre

Septämber

octobre

Oktober

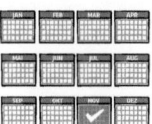

novembre

Novämber

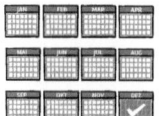

décembre

Dezämber

formes

Forme

cercle

Kreis

carré

Quadrat

rectangle

Rächteck

triangle

Dreieck

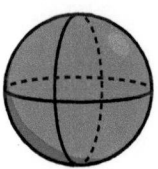

sphère

Chugele

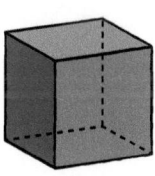

cube

Würfel

blanc

wiss

jaune

gäl

orange

orange

rose

pink

rouge

rot

violet

liila

bleu

blau

vert

grüen

marron

bruun

gris

grau

noir

schwarz

beaucoup / peu
....
viel / wenig

fâché / calme
....
hässig / ruhig

joli / laid
....
hübsch / hässlich

début / fin
....
Ahfang / Ändi

grand / petit
....
gross / chli

clair / obscure
....
hell / dunkel

frère / soeur
....
Brüeder / Schwöschter

propre / sale
....
suuber / dräckig

complet / incomplet
....
vollständig / unvollständig

jour / nuit
....
Tag / Nacht

mort / vivant
....
tot / läbig

large / étroit
....
breit / schmal

comestible / incomestible

ässbar / nid ässbar

méchant / gentil

bös / fründlich

excité / ennuyé

uffreggt / glangwilt

gros / mince

dick / dünn

premier / dernier

zerscht / zletscht

ami / ennemi

Fründ / Find

plein / vide

voll / läär

dur / souple

hart / weich

lourd / léger

schwer / liecht

faim / soif

Hunger / Durscht

malade / sain

chrank / gsund

illégal / légal

illegal / legal

intelligent / stupide

intelligänt / gatz

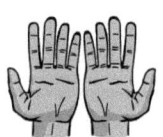

gauche / droite

links / rächts

proche / loin

nöch / wiit weg

nouveau / usé

neu / bruucht

rien / quelque chose

nüt / öpis

vieux / jeune

alt / jung

marche / arrêt

ah / uss

ouvert / fermé

offe / zue

faible / fort

lislig / luut

riche / pauvre

riich / arm

correct / incorrect

richtig / falsch

rugueux / lisse

rau / glatt

triste / heureux

truurig / glücklich

court / long

churz / lang

lent / rapide

langsam / schnäll

mouillé / sec

nass / trochä

chaud / froid

warm / chalt

guerre / paix

Chrieg / Friede

oppositions - Gägeteil

0	**1**	**2**
zéro	un / une	deux
Null	eis	zwei

3	**4**	**5**
trois	quatre	cinq
drü	vier	foif

6	**7**	**8**
six	sept	huit
sächs	sibe	acht

9	**10**	**11**
neuf	dix	onze
nün	zäh	elf

12

douze

zwölf

13

treize

drizäh

14

quatorze

vierzäh

15

quinze

füfzäh

16

seize

sächzäh

17

dix-sept

siebzäh

18

dix-huit

achtzäh

19

dix-neuf

nünzäh

20

vingt

zwänzg

100

cent

Hundert

1.000

mille

Tuusig

1.000.000

million

Million

anglais

Änglisch

anglais américain

Amerikanischs Änglisch

chinois mandarin

Chinesisch Mandarin

hindi

Hindi

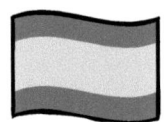

espagnol

Spanisch

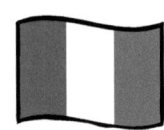

français

Französisch

arabe

Arabisch

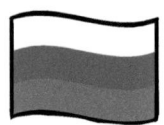

russe

Russisch

portugais

Portugiesisch

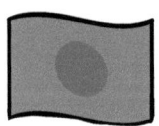

bengali

Bengalisch

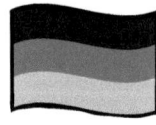

allemand

Dütsch

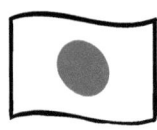

japonais

Japanisch

je
....
ich

tu
....
du

il / elle / ce, c', cela
....
är / sie / es

nous
....
mir

vous
....
ihr

ils / elles
....
sie

Qui ?
....
wär?

Quoi ?
....
was?

Comment ?
....
wie?

Où ?
....
wo?

Quand ?
....
wänn?

nom
....
Name

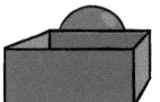

derrière

hinder

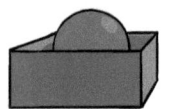

dans

in

devant

vor

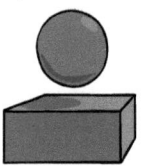

au-dessus

über

sur

uf

en-dessous

under

à côté de

näbe

entre

zwüsche

lieu

Ort